Świąteczne OPOWIEŚCI

Ilustracje: Gill Guile
Teksty: Maureen Spurgeon i Gill Davies

Spis treści

Tłumaczenie: Joanna Salak, Agnieszka Sobich
Korekta: Agnieszka Skórzewska
DTP: Bernard Ptaszyński

©2006 Brown Watson, England
© Copyright for this edition by Wydawnictwo Zielona Sowa Sp. z o.o., Kraków 2011

ISBN 978-83-7623-999-6

Wydawnictwo Zielona Sowa Sp. z o.o.
30-404 Kraków, ul. Cegielniana 4a
Tel./fax 12 266 62 94, tel. 12 266 62 92
www.zielonasowa.pl
wydawnictwo@zielonasowa.pl

Prezent świąteczny dla dziadka

Święty Mikołaj otrzymał list od pewnego dziadka, który marzył o... deskorolce.
Na świecie mieszka wielu, bardzo różnych dziadków. Jedni opowiadają dowcipy,
inni palą fajki i uwielbiają słodkie krówki, jeszcze inni całe dnie rozwiązują krzyżówki.
Wielu z nich robi sobie popołudniowe drzemki. Ale ten dziadek był zupełnie inny.
Nie chciał być tradycyjnym, staromodnym dziadkiem.

„Nie poprosił o nic pożytecznego, jak ciepłe skarpetki czy chusteczki do nosa" – powiedział Święty Mikołaj do renifera. „Ten dziadek chciałby dostać pod choinkę pomarańczową kurtkę i deskorolkę".

Święty Mikołaj był bardzo zdziwiony taką prośbą, ale też bardzo chętnie spełnił życzenie dziadka.

W dzień Wigilii dziadek i jego wnuk powiesili
świąteczne skarpety na kominku. Właśnie wtedy,
kiedy koło okna przejeżdżał w saniach Święty Mikołaj,
który spojrzał na dziadka i pomyślał:
„Ten starszy pan wygląda całkiem jak ja".

Następnego ranka wszyscy zebrali się przy choince,
aby obejrzeć prezenty. Dziadek nie mógł doczekać się swojego.
Dostał wiele podarków: słodkie krówki, książki, czapkę
i szalik oraz... pomarańczową kurtkę i deskorolkę!

Dziadek od razu założył kurtkę i wskoczył na deskorolkę.
Jego dzieci i wnuki wybiegły za nim na ulicę,
a on robił piruety i śmiał się głośno:
„Ale frajda! Zawsze chciałem spróbować
jazdy na deskorolce!".

Ulice były puste, a miękkie zaspy śniegu
otulały chodniki... Dzięki temu
nic złego się nie stało, kiedy dziadek
próbował przeskoczyć przez żywopłot.
Upadł prosto w miękki śnieg.
Po chwili wstał i otrzepał się.
I cały czas uśmiechał się
od ucha do ucha.

To były wspaniałe Święta dla dziadka i całej jego rodziny.
Kiedy jest się dorosłym, łatwo zapomnieć,
ile radości może przynieść zwykła jazda na deskorolce.

Po całym dniu zabawy na dworze dziadek wrócił
do domu. Usiadł w fotelu i zaczął czytać książkę,
którą dostał w prezencie.
Po chwili, zmęczony, zasnął.

„Wygląda prawie jak zwykły dziadek"
– powiedziały cichutko jego wnuki,
choć wiedziały, że ich dziadek
wcale nie jest zwykły, jest wyjątkowy.

Gwiazdkowe Wróżki

Gwiazdkowe Wróżki mają gwiazdki we włosach
i na czubkach różdżek. Noszą bajecznie
kolorowe sukienki i bawią się, latając wysoko
na płatkach śniegu. Tańczą z Dziadkiem Mrozem
i wcale nie czują chłodu.

Gwiazdkowe Wróżki wyczarowują swoimi
różdżkami sople lodu. Czasami też podróżują
na grzbietach królików i reniferów.
Ich twarze są tak pogodne, jak wesoła muzyka,
a śmiech dźwięczny niczym dzwoneczki
przy saniach Świętego Mikołaja.

Gwiazdkowe Wróżki bardzo lubią robić
piruety na lodzie albo ześlizgiwać się z lodowych sopli.
Ale najbardziej lubią bawić się w śnieżną bitwę.
Rzucają wtedy śnieżkami tak długo, aż ich policzki
zrobią się różowe jak płatki róż. Jeśli, bawiąc się
na podwórku, czujesz bożonarodzeniową radość,
to znaczy, że gdzieś w pobliżu bawią się
Gwiazdkowe Wróżki.

Kiedy mija dzień, pełen radosnych zabaw, Gwiazdkowe Wróżki
wracają do swoich domków między gałęziami jemioły albo między
krzewami róż. Śnią o gwiazdkowym balu, który przypada
w Wigilię, o tym, jak ubrane w najpiękniejsze,
świąteczne suknie, tańczą przy blasku księżyca...

Osiołek

Mały osiołek był już bardzo zmęczony. Wspinał się po kamienistym zboczu od kilku godzin. Raz w dół, raz w górę. Mijał chaty pasterzy pilnujących owce, które pasły się na łące.

Bolały go nogi i grzbiet, ale mimo to wciąż szedł dalej przed siebie. Noga za nogą, powoli do przodu. Stuk, stuk... stuk, stuk...

Wreszcie w oddali pojawiło się Betlejem. W oknach domów, stojących u podnóża góry, migotały światła.

Maria pochyliła się do ucha małego osiołka:
„Dziękuję ci, mały osiołku. Jesteśmy już prawie
na miejscu. Niedługo odpoczniesz".

Jej głos był tak ciepły i dobry, że mały osiołek
zapominał o tym, jak bardzo był zmęczony.
Czuł, że wracały mu siły i raźno ruszył
do Betlejem.

Osiołek wiedział, że czeka ich
zupełnie wyjątkowa noc.
Wydarzy się coś wspaniałego,
na co czeka cały świat.

Wreszcie dojechali do miasta. Ale mały osiołek nadal nie mógł odpocząć. W mieście był tłum ludzi, co chwilę ktoś popychał go i szturchał.

„Nie ma tu dla was miejsca" – wołali mieszkańcy Betlejem zapytani o nocleg.

„Biedaku" – Maria pociesza osiołka. „Jesteś już taki zmęczony. Wytrzymaj jeszcze troszkę. Musimy znaleźć schronienie przed nocą. Zejdę z twojego grzbietu i będę szła obok ciebie, abyś mógł nieco odsapnąć".

Wtedy mały osiołek zauważył ciepłą i przytulną stajnię. Podszedł do Józefa i szturchnął go w ramię, aby pokazać to miejsce.

Gospodarz, z którym Józef właśnie rozmawiał, powiedział: „O, to dobry pomysł. W stajni jest dużo miejsca. Możecie wszyscy się tam zatrzymać na noc". Kiedy Józef i Maria rozłożyli w stajni rzeczy, zmęczony osiołek od razu zasnął.

Obudził się dopiero w środku nocy, kiedy w stajni
nagle zrobiło się jasno. Nad dachem zobaczył najjaśniejszą
gwiazdę, jaką kiedykolwiek widział, a Maria i Józef
siedzieli uśmiechnięci nad żłóbkiem. Leżał w nim
mały chłopiec, Jezus, którego Maria urodziła tej nocy.

Mały osiołek usiadł bliżej żłóbka, aby, razem z innymi
zwierzętami, czuwać nad Jezusem.

Anioły śpiewały nad posłaniem dziecka. Przybyli też pasterze oraz Trzej Królowie, którzy przynieśli dary i złożyli pokłony małemu Jezusowi.

Osiołek był niezwykle dumny. „Bardzo się cieszę, że urodziłeś się właśnie dzisiaj. Będę się tobą opiekował" – obiecał .

Tej nocy wszyscy byli pełni radości. Śpiewali i uśmiechali się. Wiedzieli, że to wyjątkowa chwila.

Bałwan ze śniegu

Kiedy Ania i Krzyś obudzili się w Wigilię, padał śnieg.
Wyjrzeli przez okno i patrzyli na spadające płatki.
Każdy miał inny kształt, a kiedy zawiał wiatr,
śnieżynki tańczyły i wirowały.

Po śniadaniu dzieci wybiegły na podwórko.
Chciały ulepić wielkiego bałwana.
Śnieg właśnie przestał padać,
a słońce pięknie świeciło.

Dzieci toczyły po ziemi ogromne śnieżne kule.
„Ale wspaniała zabawa!" – zawołała Ania, a Krzyś
przyniósł z domu marchewkę i ciepły szalik,
który dzieci zawiązały bałwankowi na szyi.

Kiedy lepienie bałwana było skończone,
znowu zaczął padać śnieg i trzeba było wrócić
do domu. Za to bałwana śnieg bardzo ucieszył.
Śnieżna pierzynka okryła go całego.

Nagle, bałwanek poruszył się.
Strzepnął śnieg z marchewkowego nosa
i uśmiechnął się szeroko, kiedy mały
ptaszek usiadł mu na ramieniu.

Kiedy wiatr zawirował wokół niego
błyszczącymi płatkami, zaśmiał się tak
głośno, że Ania i Krzyś usłyszeli jego głos.
Wybiegli na dwór, aby przywitać się
z bałwankiem. Złożyli mu świąteczne
życzenia i wrócili do domu, bo zaraz
miała zacząć się wigilijna kolacja.

Kiedy nadeszła noc i niebo zrobiło się
całkiem czarne, w ogrodzie też zapanował mrok.
„Oj, jak ciemno! Wcale mi się to nie podoba..."
– zapłakał bałwan, bo bał się ciemności.

Bałwanek naciągnął na oczy czapkę, owinął się
szczelnie szalikiem, ale wcale nie czuł się przez
to lepiej. Nawet zwierzęta, które zbiegły się
z okolicy, nie potrafiły go pocieszyć.

Bałwan zaczął płakać ze strachu, a łzy
zamarzały mu na marchewkowym nosie.
Nagle, bałwan usłyszał dźwięk
dzwoneczków.

Odsunął czapkę z oczu i spojrzał w niebo.
Zobaczył małe światełka, renifery i sanie pełne
prezentów. „Święty Mikołaj!" – zawołał
wesoło bałwanek.

Święty Mikołaj podarował bałwankowi mnóstwo prezentów.
Z jednego z nich bałwanek ucieszył się najbardziej.
Była to... latarka! Bałwanek mógł teraz świecić nią dookoła,
ile tylko chciał i dzięki temu, nie bał się już ciemności.

Kiedy Święty Mikołaj ruszał w dalszą podróż, powiedział
jeszcze bałwankowi, że po nocy przychodzi dzień, robi się
znowu jasno, a słońce świeci na niebie. Wtedy bałwanek
uśmiechnął się szczęśliwy, rozjaśnił niebo światłem ze
swojej nowej latarki i zawołał: „Już nie boję się ciemności!".

21

Drogi Święty Mikołaju...

Nazywam się Grześ. Mieszkam na ulicy Klonowej, obok wysokiego drzewa i domu, w którym mieszkają niegrzeczni bliźniacy. Mam nadzieję, Święty Mikołaju, że odwiedzisz mnie w tym roku.

Tata powiedział mi, że jeśli będę bardzo grzeczny, na pewno przyjdziesz w Święta. Dlatego przygotowałem listę prezentów, które naprawdę, bardzo, ale to bardzo chciałbym dostać w tym roku: zamek i rycerzy, misia pandę, samochód wyścigowy, koparkę, rower, nową książkę...

Mam nadzieję, że nie proszę o zbyt wiele. Najbardziej marzę o zamku i rycerzach... Mama często mi powtarza, że mam już bardzo dużo zabawek w pokoju, które ciągle leżą na podłodze. Obiecuję więc, że posprzątam cały mój pokój, zanim przyjdziesz nas odwiedzić w Święta.

Mam nadzieję, że spodoba ci się mój list. Bardzo się starałem. Ozdobiłem go nawet rysunkami, żeby był ładniejszy.

Powieszę moją skarpetę przy łóżku. Postaram się szybciutko zasnąć i nie podglądać, kiedy przyjdziesz w nocy. Wesołych Świąt, Święty Mikołaju!

Pozdrawiam, Grześ

Wigilia

Chciałabym zobaczyć dzisiaj Świętego
Mikołaja, aby:

Zapytać go, czy dostał list ode mnie.
Spojrzeć w jego błyszczące oczy.
Podarować mu prezent.
Sprawdzić, czy jego biała, mięciutka broda
jest prawdziwa.
Zapytać, czy kiedykolwiek utknął w kominie.
Pobawić się z reniferami.
Polecieć saniami, ponad dachami domów,
w stronę księżyca.

Dlatego nie mogę dzisiaj zasnąć... muszę być
czujna... choć jestem już taka zmęczona...
zamknę oczy tylko na chwilkę...
na krótką chwilkę... zzzzzzz.....

23

Wesołych Świąt!

Wróżka, która usiadła na gałązce choinki,
miała małą, srebrną różdżkę, lśniącą koronę
i śliczną sukienkę. Inne ozdoby choinkowe
wzdychały do niej z zachwytem:
„Ale jesteś piękna!".

Ale mała wróżka wcale się nie uśmiechała.
Była ładna, ale i bardzo smutna.
Duże łzy spływały po jej różowych
policzkach. „Dlaczego płaczesz?"
– pytały bombki i kolorowe łańcuchy.

„Jestem bardzo samotna" – zapłakała wróżka.
„Bombek, łańcuchów i innych ozdób
na choince jest wiele, ale ja jestem tylko jedna.
Nie mam z kim porozmawiać" – westchnęła.

Wtedy do pokoju wbiegła mała dziewczynka.
„O, jaka ona jest piękna!" – krzyknęła
na widok wróżki. Po chwili zasmuciła się
i zapytała tatę: „Ale gdzie jest wróżka, którą
w zeszłym roku wieszaliśmy na choince?".

25

„W tym roku kupiliśmy nowe ozdoby, a stare schowaliśmy w pudełku na strychu" – wyjaśnił tata. „Nowa wróżka jest bardzo ładna, ale tęsknię za tamtą. Bardzo ją lubiłam" – powiedziała dziewczynka.

Kiedy mama usłyszała słowa córeczki, weszła na strych i odnalazła wróżkę z zeszłego roku, a tata umieścił ją na czubku choinki. „Teraz mamy dwie piękne wróżki!" – zawołała szczęśliwa dziewczynka.

Ozdoby choinkowe też były szczęśliwe,
bo wreszcie mała wróżka uśmiechnęła się.
Wróżka z poprzedniego roku też była
zadowolona – świąteczna choinka to znacznie
milsze miejsce, niż pudełko na strychu.
Co więcej, zyskała nową przyjaciółkę.

Tej nocy, kiedy cała rodzina poszła już spać,
dwie szczęśliwe wróżki tańczyły wesoło
na choince, a ozdoby lśniły i migotały
ze szczęścia. Ależ miały cudowne Święta !

Pomocnicy Świętego Mikołaja

Hura! Święta za pasem! Dlaczego zatem pingwiny narzekają? „To nie w porządku! Inne ptaki potrafią latać, a my nie możemy!" – żaliły się pingwiny. Niezależnie od tego, jak wysoko podskakiwały i jak mocno machały swoimi skrzydełkami, nie mogły oderwać się od ziemi. Wciąż spadały na puszysty śnieg.

„Chcemy latać!" – wołały, kiedy na niebie
widziały lecącego albatrosa.

„Jak możemy nauczyć się latać?" – pytały
starego morsa, siedzącego przed igloo i robiącego
ciepłe skarpety dla Świętego Mikołaja.

„Chcemy latać!" – wołały pingwiny,
gdy z wody wynurzył się
olbrzymi wieloryb.

Tuż przed samą Wigilią, Święty Mikołaj zmartwił się bardzo, kiedy mewa powiedziała mu o chorobie reniferów. „Wszystkie się przeziębiły i leżą w łóżkach, a jutro Wigilia. Kto więc pociągnie jutro sanie?" – zastanawiał się Mikołaj. „A może pomogą nam pingwiny?" – zaproponowała mewa. „Marzą o tym, aby choć raz wzbić się w niebo".

„Wspaniały pomysł!" – zawołał Święty Mikołaj
i zaraz pobiegł do pingwinów, aby, z pomocą
świątecznej magii, nauczyć je latać.

Pingwiny okazały się bardzo pilnymi uczniami
i już po chwili szybowały wesoło po niebie.

Kiedy pingwiny trenowały przed wielką podróżą,
Święty Mikołaj dał reniferom lekarstwo i otulił je ciepłą kołdrą.
Powiedział, że nie muszą już martwić się o Święta
i życzył im szybkiego powrotu do zdrowia.

Wreszcie nadszedł czas, aby wyruszyć w drogę.
Święty Mikołaj spakował wielki wór z prezentami,
zaprzągł pingwiny do sań i wszyscy ruszyli w drogę.
Pingwiny były tak szczęśliwe, że przez cały czas
śmiały się wesoło i żartowały.

Przez całą noc pomagały Świętemu
Mikołajowi rozdawać prezenty.
Wślizgiwały się przez kominy, układały
prezenty i otulały kołdrami śpiące dzieci.
Nie wiadomo skąd, ale dzieci wiedziały,
że tym razem ktoś inny będzie
pomagał Świętemu Mikołajowi.
Obok talerzyka z ciasteczkami, zostawiały
też talerzyk z pysznymi rybkami!

Kiedy worek z prezentami był już pusty,
Święty Mikołaj podziękował swoim małym
pomocnikom. Uściskał i wycałował pingwiny
mocno. A potem wszyscy wrócili
do domu.

Pingwiny były bardzo szczęśliwe.
„To była magiczna noc!" – wołały głośno, a chwilę
później zmęczone lataniem spały już smacznie.
A wtedy Święty Mikołaj cichutko napełnił
ich świąteczne skarpety podarkami!

Nowy dom

Zbliżało się Boże Narodzenie. Zosia i Wojtek razem ze swoim tatą,
panem Janowskim, wybrali się do lasu po najpiękniejszą
choinkę na Święta. Szybko znaleźli odpowiednie drzewko i tata
z Wojtkiem zabrali się do ścinania. W tej samej chwili Zosia
zauważyła małego rudzika. Ptaszek, ćwierkając, krążył
wokół taty i brata.

Pan Janowski z Wojtkiem ułożyli choinkę na saniach.
Rudzik leciał za dziećmi przez całą drogę do domu. Później,
gdy Zosia z bratem dekorowali drzewko, dziewczynka usłyszała
cichutkie ćwierkanie wśród gałązek. Rozchyliła je i zobaczyła
drugiego ptaszka siedzącego w gnieździe. Pierwszy rudzik
cały czas zaglądał przez okno do środka.

Wojtek uważnie zdjął gniazdo z gałęzi i zaniósł je do ogrodu.
Tam umieścił je bezpiecznie wśród gałęzi gęstego krzewu.
W tym miejscu ptaszki będą bezpieczne. Nie będzie im też
dokuczał zimowy wiatr ani śnieg. Gdy tylko dzieci wróciły
do domu, pierwszy ptaszek usiadł w gnieździe obok drugiego.

Każdego ranka Wojtek razem z Zosią karmili rudziki okruchami
chleba i kawałkami słoniny. Bardzo lubili przyglądać się przez okno
nowej ptasiej rodzinie z ogródka. Ich choinka wyglądała przepięknie
przybrana bombkami i kolorowymi łańcuchami. Ale ptaszkom nowe
miejsce w ogródku podobało się znacznie bardziej!

35

Zapracowany elf

Ostatnio dużo działo się w Krainie Zabawek. Wszystkie elfy były niezwykle zajęte. Część z nich zajmowała się przygotowaniem prezentów dla dzieci, niektóre szykowały sanie Świętego Mikołaja. Jeszcze inne uwijały się, otwierając kolejne listy z prośbami o bożonarodzeniowe podarunki. Wszyscy ciężko pracowali, a tyle jeszcze było do zrobienia...

Elf Koszałek siedział na swoim stołeczku i był już
bardzo zmęczony ciągłą pracą. Od wielu dni budował
drewniane sanki, składał wagoniki, sklejał samochody
i układał wszystko w ozdobnych pudełkach.
Od ciągłego hałasu, wypełniającego warsztat Świętego
Mikołaja, rozbolała go głowa. Jego małe rączki spuchły
od wkładania baterii i dokręcania śrubek, a nogi
bolały od ciągłej bieganiny.

Koszałek tylko na chwilę oparł zmęczoną główkę na stole,
przy którym pracował i... wkrótce zasnął.

Pozostałe elfy trochę śmiały się z niego i żartowały pokazując go
sobie palcami. Lubiły jednak swojego przyjaciela i nie chciały
obudzić Koszałka. Mały elf śnił na pewno o lecie i o zabawie
w chowanego z polarnymi niedźwiadkami. Przyjaciele zostawili go
w spokoju i przechodzili obok niego na paluszkach.

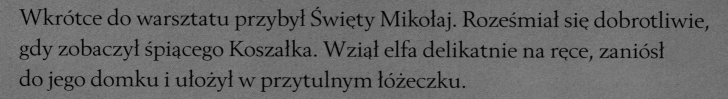

Wkrótce do warsztatu przybył Święty Mikołaj. Roześmiał się dobrotliwie,
gdy zobaczył śpiącego Koszałka. Wziął elfa delikatnie na ręce, zaniósł
do jego domku i ułożył w przytulnym łóżeczku.

„Moje drogie elfy, pracujecie zbyt ciężko" – powiedział Święty Mikołaj
do wszystkich. „Niech dzisiejszy dzień będzie dla nas chwilą
odpoczynku i zabawy".

Po tych słowach elfy pobiegły bawić się
śniegu i jeździć na reniferach.
Gdy już trochę zmarzły, wróciły
do swych chatek. Rozsiadły się tam
w wygodnych fotelach i czytały książki
lub rozwiązywały łamigłówki.

Koszałek zdziwił się bardzo, kiedy obudził się
w swoim łóżku. Był zaskoczony jeszcze bardziej,
gdy zobaczył elfy bawiące się na dworze
i pozdrawiające go zza szyby.

„Dobrze nam się przysłużyłeś"
– zwołały do Koszałka. „Dzięki tobie mamy dzisiaj wolny dzień!".

Następnego dnia wszystkie elfy wróciły do swych świątecznych zajęć wypoczęte, radosne i pełne werwy.

Od tego czasu co roku wszystkie leśne elfy, które pomagają Świętemu Mikołajowi, spędzają jeden dzień na zabawie i wypoczynku. Dzięki temu mają siłę, aby przygotować prezenty dla dzieci na całym świecie.

Świąteczne prezenty

W niektórych krajach dzieci przygotowują dla Świętego Mikołaja świąteczne skarpety. W domu Janka, Szymka i Marysi trzy świąteczne skarpety bardzo cieszyły się z nadchodzącego Bożego Narodzenia.

„Mam nadzieję, że Święty Mikołaj włoży do mnie w tym roku mnóstwo zabawek" – cieszyła się czerwona skarpeta. „I do mnie też!" – zawołała jej ciemnozielona koleżanka. „Do mnie również!" – krzyknęła błyszcząca złota skarpeta.

Trzy skarpety należały do trójki dzieci. Czerwona była świąteczną skarpetą Janka, ciemnozielona należała do jego brata Szymka, a tę błyszczącą, złotą dostała w zeszłym roku ich mała siostra – Marysia. Dzieci nie mogły nacieszyć się, że nadeszły Święta. Skakały z radości i pokazywały sobie nawzajem ozdobne skarpety, które wreszcie będą mogły zawiesić przy swoich łóżkach. Cała trójka wprost nie mogła doczekać się świątecznego poranka, w który odkryją prezenty zostawione przez Świętego Mikołaja.

„Nareszcie..." – westchnęła czerwona skarpeta,
gdy Janek zapadł w sen. „Już myślałam, że nigdy
nie zaśnie" – zaśmiała się ciemnozielona skarpeta
Szymka, gdy jego oczy wreszcie się zamknęły.
„Mała Marysia śpi już od dawna. Co teraz robimy?"
– zapytała złota skarpeta.

„Czekamy na Świętego Mikołaja, oczywiście!"
– odpowiedziała jej czerwona skarpeta
i dodała: „Przestańcie wreszcie gadać,
bo spadniecie przez to z łóżka. Jesteście
bardziej nieznośne niż nasze dzieciaki."

Więc skarpety czekały cichutko
w ciemności... spoglądały przez okno...
nasłuchiwały, ale noc była bardzo cicha...

„Kiedy wreszcie przyjedzie Święty Mikołaj?"
– zapytała ciemnozielona skarpeta.
„Nie lubię tak bezczynnie wisieć".

„Za chwilę sama zasnę..." – dodała, ziewając,
złota skarpeta i przeciągnęła się
od jednego końca do drugiego.

I wtedy właśnie usłyszały delikatny dźwięk
dzwonków oraz nawoływania reniferów.
Po chwili śnieg skrzypnął pod saniami
lądującymi na dachu, a Święty Mikołaj
roześmiał się głośno wchodząc do komina.

45

W dziecięcym pokoju zaczęła się krzątanina.
Święty Mikołaj wślizgnął się cicho do środka,
zanurkował w swym ogromnym worku
z prezentami i szepnął: „Wesołych Świąt,
moje miłe świąteczne przyjaciółki. Czy nie
czułyście się ostatnio trochę zaniedbane?
Zaraz zobaczycie, co zostawię pod waszą
opieką".

„Oj, to łaskocze!" – zaśmiała się jedna
ze skarpet. Mikołaj wypełnił wszystkie
trzy skarpety po brzegi zabawkami,
książkami, kredkami, czekoladkami
i mnóstwem innych niespodzianek.
„Pilnujcie, kochane, tych wszystkich
różności, dopóki dzieci się nie obudzą"
– powiedział Święty Mikołaj i dodał...

„Mam nadzieję, że dacie radę udźwignąć ten ciężar. Nie chciałbym żebyście czuły się przeciążone". „Ależ, damy radę!" – zaśmiała się czerwona skarpeta. „Ja czuje się wypchana w sam raz!" – zawołała zielona. „Czekałam cały rok, żeby się tak zdrowo rozciągnąć".

„Nie mogę doczekać się chwili, gdy dzieci nas zobaczą..." – westchnęła złota.

Wtedy Święty Mikołaj podarował każdej z nich piękną nową kokardę i tak jak się pojawił, zniknął cicho w kominie. A trzy przyjaciółki przystrojone w nowe kokardy i pełne prezentów z dumą wisiały na brzegu dziecięcego łóżka i czekały na nadchodzący świąteczny poranek.

Wielka kula

„Zróbmy kulę ze śniegu" – zaproponował królik Lutek w Święta Bożego Narodzenia. „Zróbmy największą kulę ze śniegu w naszym lesie" – dodała wesoło Klementyna, jego koleżanka. „Niech to będzie największa kula ze śniegu w naszym kraju" – zawołał ich przyjaciel królik Maksymilian. „A właśnie, że zrobimy największą kulę ze śniegu na całym świecie!" – krzyknął wreszcie najmniejszy z przyjaciół, królik Wiktor.

I tak króliki zaczęły toczyć kulę ze śniegu. Na początku kula była zupełnie mała, taka jak ich łapki. Po jakimś czasie zrobiła się trochę większa, taka jak ich łebki. Aż wreszcie stała się tak duża jak cały królik.

„Jest duża" – powiedział królik Lutek. „Ale nie jest największa w lesie" – dodała Klementyna. „Ani nie największa w naszym kraju" – westchnął Maksymilian. „Ani też nie jest największa na świecie..." – jęknął królik Wiktor.

„To może stoczymy ją ze wzgórza" – zaproponował Lutek.

I tak też zrobili. Najpierw kula
śniegowa staczała się ze wzgórza powoli.
Później zaczęła nabierać prędkości i w miarę staczania się
ciągle rosła. Wkrótce śniegowa kula stała się **OGROMNA!**

Potężna kula stoczyła się w dół wzgórza i wpadła wprost do zwierzęcej
wioski. Wszyscy wyjrzeli z norek i dziupli, aby zobaczyć co się dzieje.
A wielka kula zaledwie o włos minęła pana Wiewiórkę – listonosza
jadącego na rowerze i niemal wpadła na kolędujący chór kotków.
Później z dużą prędkością wtoczyła się na zamarznięty staw, płosząc kaczki.
Lód pękł pod jej ciężarem. Kula z pluskiem wpadła do wody i po chwili
zaczęła się roztapiać.

„To był piękny plusk" – zaśmiał się królik Lutek. „ Największy plusk
w naszym lesie" – dodała Klementyna. „Największy plusk
w naszym kraju" – powiedział z zadowoleniem królik Maksymilian.
„To był największy plusk na całym świecie!" – oznajmił króliczek Wiktor.

Zaraz po tym wydarzeniu szczęśliwi przyjaciele z satysfakcją rozeszli
się do swoich norek, aby przygotować świąteczne skarpety
dla Świętego Mikołaja.

Święta w naszej zagrodzie

Nadeszło Boże Narodzenie. Trzy kaczuszki udekorowały już świąteczną choinkę i z radością pobiegły do pani Kaczki, aby pomóc jej w przygotowaniu upominków dla sąsiadów. Choć bardzo się starały, narobiły mamie sporo bałaganu.

Podarły ozdobny papier do pakowania, wysypały świąteczne kartki z pudełka, wszystkie świąteczne naklejki nakleiły na dzioby i posklejały swoje kacze nóżki taśmą klejącą. Kaczka rozplątała dzieci i kazała im wszystkim wyjść na dwór bawić się śnieżkami. Chciała posprzątać i dokończyć pakowanie Później założyła na głowę swoją najpiękniejszą chustę i wyszła z upominkami na dwór.

Każde z kaczątek dostało od niej pięknie ozdobiony prezent do wręczenia któremuś ze zwierząt z zagrody. Najpierw poszły do pani Krowy.

„Mamy dla pani prezent!" – zawołał kaczorek Duduś i wręczył pani Krowie wspaniałą paczkę. „To hamak, na którym będzie pani mogła zdrzemnąć się w czasie upału".

„Ciii..." – szepnęła pani Kaczka. „To miała być niespodzianka!".

„Och, dziękuuuuję" – zamuczała pani Krowa i zaraz po obejrzeniu hamaka zaczęła marzyć o cienistych drzewach i ciepłych dniach lata.

„Mamy dla pani prezent" – zakwakał kaczorek Deptuś,
wręczając ozdobne pudełko pani Kurze.
„To świąteczny fartuch".
„Ciii..." – szepnęła pani Kaczka. „To miała
być niespodzianka!".
„Jaki piękny!" – zagdakała pani Kura.
„Zaraz ubiorę się w niego i coś ugotuję".

„A to prezent dla pana" – uśmiechnęła się
mała Dusia, wręczając pudło panu Osłu.
„To świąteczny kapelusz".
„Ciii..." – szepnęła pani Kaczka. „To miała
być niespodzianka!"
„Iii-aaaa-ależ to miłe z waszej strony"
– odpowiedział pan Osioł.

Wręczanie prezentów trwało całe popołudnie, aż wreszcie pani Kaczka wraz z kaczątkami mogła wrócić do domu. „Przynajmniej w drodze powrotnej niczego nie musimy nieść" – zaśmiał się Duduś, wyprzedzając rodzeństwo.

Nie zdążyli oddalić się na dobre, gdy pan Osioł zawołał: „A ja też mam dla was prezenty". „My również mamy dla was upominki, drogie kaczuszki" – zawołały pani Kura, pani Krowa i pozostałe zwierzęta z zagrody.

Zbliżał się wieczór i gdy niebo pociemniało,
pojawiły się na nim gwiazdy. Trzy kaczuszki
dostały od zwierząt tyle upominków,
że z trudem mogły je unieść.
Usiadły na chwilę, żeby odpocząć.
I właśnie wtedy usłyszały dźwięk
dzwoneczków.

To Święty Mikołaj w swych saniach podróżował
po rozgwieżdżonym niebie. „Może wam pomóc?"
– zaśmiał się Święty Mikołaj i jednym wprawnym ruchem
zgarnął do sań wszystkie prezenty kacząt.
„Wsiadajcie, przyjaciele, zawiozę was do domu"
– zawołał do zaskoczonego rodzeństwa.

Po chwili wszyscy znaleźli się w ciepłym domu. „Odwróćcie się na chwilę, chcę włożyć różne drobiazgi do waszych świątecznych skarpet" – powiedział Święty Mikołaj.

Kaczuszki roześmiały się i szybko wskoczyły do swych miękkich łóżek. Wkrótce trzy maluchy zasnęły, a Święty Mikołaj wyszedł na palcach z pokoju. Tych Świąt nigdy nie zapomną. Dostały prezenty od przyjaciół i jechały saniami Świętego Mikołaja! Aż trudno w to uwierzyć...

Niespodzianka

Tyle rzeczy Tadzio lubi
Choć niedużym jest niedźwiadkiem.
W piłkę grać, a gdy ją zgubi
Bawić się drewnianym statkiem.

Z karuzeli auto zrobi,
Samolotem zwie huśtawkę,
Zamek z piasku muszlą zdobi
Ze wszystkiego ma zabawkę.

Chciałby z kotem się przyjaźnić,
Psa za uchem drapać często,
Królem zostać wyobraźni
I rycerskie zdobyć męstwo.

A gdy Świąt przychodzi pora,
W oknie siada już o zmroku,
Mikołaja z niespodzianką,
Wypatruje z błyskiem w oku.

Najważniejsza noc

Zazwyczaj Niebo było cichym i spokojnym miejscem, ale dzisiaj wszystko się zmieniło. Anioły latały z miejsca na miejsce i uwijały się jak w ukropie.

Mały Aniołek był zaskoczony.

„Co się dzieje?" – zapytał Aniołek jednego z przelatujących braci.

„Nie mam teraz czasu na gadanie. Wszystko wyjaśnię ci później, gdy już będziemy gotowi" – obiecał wuj Gabriel i zamachał skrzydłami, odlatując w inną stronę.

Niektóre anioły stroiły swoje harfy, inne polerowały aureole, jeszcze inne wzlatywały wysoko, by sprawdzić siłę skrzydeł.

Najpiękniejsze anielskie szaty były wyprane i wyprasowane. I tylko niektóre suszyły się jeszcze na białych obłokach.

W pewnej chwili Aniołek usłyszał próbę anielskich chórów. Wszyscy śpiewacy nie oszczędzali swoich głosów, wydobywając z gardeł najpiękniejsze hymny.

59

Anioły w rzędach zgromadziły się na pierzastych chmurach. W pewnej chwili, wszystkie razem uleciały przez bramy niebios, pozostawiając Aniołka samemu sobie.

„Uf, co za dzień..." – westchnął biały Gołąbek, przysiadając na brzegu puchatej chmurki, tuż obok Aniołka. „Już myślałem, że przygotowania do najważniejszej nocy nigdy się nie skończą" – dodał.

„Czy wiesz co tu się dzieje?" – zapytał zaciekawiony Aniołek.

„Czy nikt ci nie powiedział?" – odparł
zdziwiony Gołąbek. „To najważniejsza noc
odkąd Pan Bóg stworzył świat.
Na ziemi urodzi się Dzieciątko Jezus
i chcemy je uroczyście powitać".

„Och!" – westchnął Aniołek.
„Czy mógłbym tam z wami polecieć
i popatrzeć choćby z boku?".
„Wprawdzie to dość daleko, ale jeżeli będziesz
się mnie cały czas pilnował, powinno się udać"
– zagruchał Gołąbek.

I razem polecieli przez ciemne rozgwieżdżone niebo. Wszystkie małe gwiazdy mrugały do nich wesoło, a duże migotały uroczyście. Anielski chór zatrzymał się nad dachem małej stajenki, którą oświetlił blask największej gwiazdy.

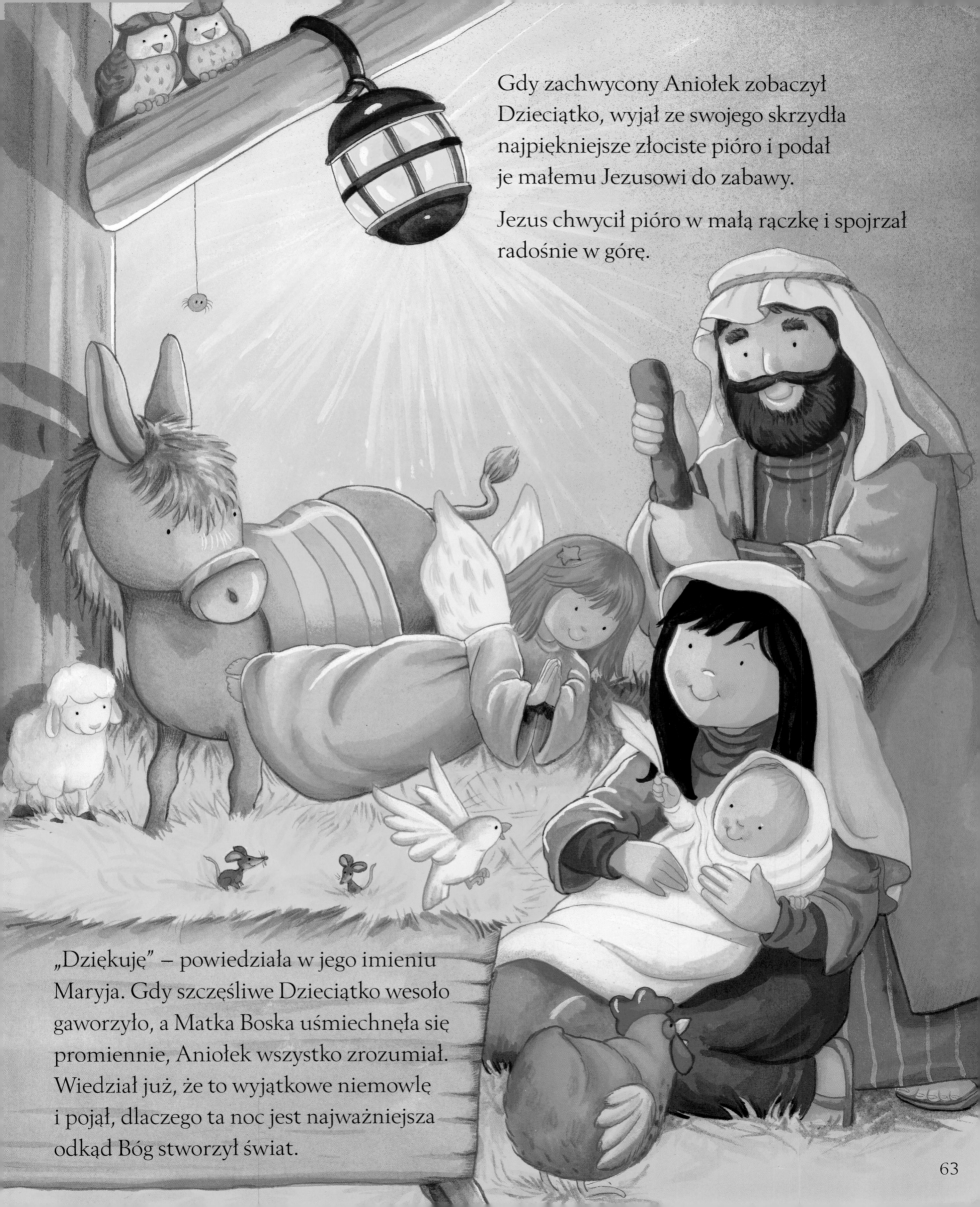

Gdy zachwycony Aniołek zobaczył Dzieciątko, wyjął ze swojego skrzydła najpiękniejsze złociste pióro i podał je małemu Jezusowi do zabawy.

Jezus chwycił pióro w małą rączkę i spojrzał radośnie w górę.

„Dziękuję" – powiedziała w jego imieniu Maryja. Gdy szczęśliwe Dzieciątko wesoło gaworzyło, a Matka Boska uśmiechnęła się promiennie, Aniołek wszystko zrozumiał. Wiedział już, że to wyjątkowe niemowlę i pojął, dlaczego ta noc jest najważniejsza odkąd Bóg stworzył świat.